Já sei o que é o autismo. E você, quer saber?

Aprendendo sobre autismo, neurociência e comportamento

Editora Appris Ltda.
1.ª Edição - Copyright© 2021 dos autores
Direitos de Edição Reservados à Editora Appris Ltda.

Nenhuma parte desta obra poderá ser utilizada indevidamente, sem estar de acordo com a Lei nº 9.610/98. Se incorreções forem encontradas, serão de exclusiva responsabilidade de seus organizadores. Foi realizado o Depósito Legal na Fundação Biblioteca Nacional, de acordo com as Leis nos 10.994, de 14/12/2004, e 12.192, de 14/01/2010.

Catalogação na Fonte
Elaborado por: Josefina A. S. Guedes
Bibliotecária CRB 9/870

J111j Já sei o que é o autismo. E você, quer saber ? : aprendendo sobre
2021   autismo, neurociência e comportamento / Géssica Peres ... [et al.].
       - 1. ed. - São Paulo : Appris, 2021.
           91 p. : il. color ; 21 cm.

       ISBN 978-65-250-0623-9

       1. Autismo. 2. Neurociência. 3. Comportamento humano. I. Peres, Géssica. I. Título.

                                                        CDD – 616.8982

Appris editora

Editora e Livraria Appris Ltda.
Av. Manoel Ribas, 2265 – Mercês
Curitiba/PR – CEP: 80810-002
Tel. (41) 3156 - 4731
www.editoraappris.com.br

Printed in Brazil
Impresso no Brasil

Géssica Peres
Cláudia Gonçalves
Raquel Ghizoni Argenta
Caroline Peres
Priscilla Lucena Vianna Dias
Diego da Silva Medeiros

Já sei o que é o autismo. E você, quer saber?

Aprendendo sobre autismo, neurociência e comportamento

FICHA TÉCNICA

EDITORIAL	Augusto V. de A. Coelho
	Marli Caetano
	Sara C. de Andrade Coelho
COMITÊ EDITORIAL	Andréa Barbosa Gouveia (UFPR)
	Jacques de Lima Ferreira (UP)
	Marilda Aparecida Behrens (PUCPR)
	Ana El Achkar (UNIVERSO/RJ)
	Conrado Moreira Mendes (PUC-MG)
	Eliete Correia dos Santos (UEPB)
	Fabiano Santos (UERJ/IESP)
	Francinete Fernandes de Sousa (UEPB)
	Francisco Carlos Duarte (PUCPR)
	Francisco de Assis (Fiam-Faam, SP, Brasil)
	Juliana Reichert Assunção Tonelli (UEL)
	Maria Aparecida Barbosa (USP)
	Maria Helena Zamora (PUC-Rio)
	Maria Margarida de Andrade (Umack)
	Roque Ismael da Costa Güllich (UFFS)
	Toni Reis (UFPR)
	Valdomiro de Oliveira (UFPR)
	Valério Brusamolin (IFPR)
ASSESSORIA EDITORIAL	Alana Cabral
REVISÃO	Andrea Bassoto Gatto
PRODUÇÃO EDITORIAL	Jhonny Reis
DIAGRAMAÇÃO	Daniela Baumguertner
ILUSTRAÇÕES	Diego Medeiros
CAPA	Julie Lopes
COMUNICAÇÃO	Carlos Eduardo Pereira
	Débora Nazário
	Kananda Ferreira
	Karla Pipolo Olegário
LIVRARIAS E EVENTOS	Estevão Misael
GERÊNCIA DE FINANÇAS	Selma Maria Fernandes do Valle
COORDENADORA COMERCIAL	Silvana Vicente

Tenho os lábios secos, ó grandes ruídos modernos,
De vos ouvir demasiadamente de perto,
E arde-me a cabeça de vos querer cantar com um excesso
De expressão de todas as minhas sensações,
Com um excesso contemporâneo de vós, ó máquinas!

Ah, poder exprimir-me todo como um motor se exprime!
Ser completo como uma máquina!
Poder ir na vida triunfante como um automóvel último-modelo!
Poder ao menos penetrar-me fisicamente de tudo isto,
Rasgar-me todo, abrir-me completamente, tornar-me passento
A todos os perfumes de óleos e calores e carvões
Desta flora estupenda, negra, artificial e insaciável

(Álvaro de Campos,
"Poemas" - heterônimo de Fernando Pessoa)

Prefácio

Não é à toa que o autismo vem sendo representado universalmente por uma peça de quebra-cabeças. Aspectos comportamentais, neurobiológicos e educacionais entrelaçam-se em uma intricada rede de conhecimentos que nos surpreendem com novidades e descobertas a cada ano, revelando não somente o que é o autismo, mas quem somos nós. Ainda assim, infelizmente, a maior parte desse enigma permanece à sombra das nossas investigações, privando equipes de saúde, de educação e familiares de respostas mais conclusivas.

Mas se pesquisadores e expertises já consideram esse quebra-cabeças como algo extremamente complexo, como então poderíamos explicar tal condição para crianças interessadas em entender o autismo na sua escola? Como traduzir de forma lúdica e simples os sofisticados conceitos, teorias e achados científicos que caracterizam esse transtorno, sem, contudo, perder o rigor das informações?

É justamente essa a tarefa a que se propôs a equipe formada por três psicólogas, uma pedagoga, uma fonoaudióloga e um ilustrador. Géssica Peres, Claudia Gonçalves, Raquel Argenta, Caroline Peres, Priscilla Dias e Diego Medeiros escolheram trazer para o cenário escolar as principais dúvidas de colegas de turma sobre dois alunos com autismo, João e Pedro, as quais são respondidas didaticamente pela sua professora de sala de aula.

Utilizando uma linguagem extremamente acessível, o autismo é tomado como tema central de uma verdadeira "roda de conversa". São abordados temas complexos, como as relações entre áreas cerebrais e comportamentos tipicamente presentes em crianças com autismo: alterações sensoriais e de linguagem, agressividade e peculiaridades das interações sociais. Essa caracterização ainda é recheada por explicações compreensivas, como a teoria da mente; por apresentação de instrumentos avaliativos, como o Plano Educacional Individualizado; e por ingredientes ativos derivados de intervenções psicoeducacionais, como a utilização de pranchas de comunicação alternativa, uso de rotinas e estruturação do ambiente.

É importante destacar que todo o conteúdo deste livro está apoiado em evidências fartamente suportadas pela literatura científica atual, garantindo a confiabilidade e a validade das informações.

Por fim – e não menos importante –, toma relevo a forma como o autismo é explicado. Os sinais, os comportamentos, as alterações e atipias do transtorno não ilustram João e Pedro como crianças limitadas, mas conotam uma forma diferente e intrigante de ser, capaz de despertar o interesse das outras crianças em desvelar esse universo tão rico e diferente do convencional. O convite a conhecer o autismo visto por esse prisma não somente contribui para que essas pessoas sejam mais bem compreendidas por todos, mas também para que seus pares, professores e terapeutas despertem para ampliar suas concepções sobre educação, aprendizagem, cognições e comportamentos humanos. Somos todos parte de um espectro de diferenças no qual o autismo está inserido, portanto, aceitemos que elas façam parte de nós de forma integral, inclusiva e indissociável.

Convido a todos a se deleitarem com esta maravilhosa aula sobre autismo. Aproveitem!

Carlo Schmidt
Professor do Programa de Pós-Graduação em Educação (UFSM)

Apresentação dos personagens

Karina: Olá, me chamo Karina, mas me chamam de Kaká. Tenho 10 anos e estou no 5º ano.

André: Olá, sou o André, também tenho 10 anos. Ah! Pode me chamar de Dedé.

Karina: Somos colegas de turma e melhores amigos! *(abraçando-se).*

André: Vamos brincar de esconde-esconde, Kaká?

Karina: Boa! Vamos começar!

André: Mas precisaremos de mais pessoas...

Karina: Está bem, vou chamar o **Pedro**, a Marta e o Joaquim.

André: Ah... O **Pedro** não, ele não sabe brincar...

Karina: Não faz mal, vou chamar, assim somos mais.

André: Melhor não...

Karina: Mas por quê?

André: Você não sabe que ele é autista?
Karina: O quê? Artista?

André: Não! Au-tis-ta!

Karina: E o que é isso?

André: Não sei, foi a mãe dele que disse para a professora no outro dia.

Karina: Ah! Então a professora deve saber...

André: Claro que sabe! A professora Camila sabe tudo!

Karina: Ah! Então bora lá perguntar!

André: Vamos brincar primeiro, depois perguntamos...

Toca a sineta indicando o fim do intervalo.... Nisso, passa a professora...

André: Olha! Olha a professora Camila ali!

Os dois dizem juntos: "Bora, bora perguntar!"

André: Professora! Professora! O que é autista?

Camila: Humm... Onde é que ouviram falar de autista, meninos?

Karina: Ouvimos dizer que aqui na escola tem autistas.

Camila: Bem, é um tema interessante de estudo. Podemos conversar sobre esse assunto nas próximas aulas. Agora vamos entrar...

Já no outro dia... A professora começa a explicar sobre o autismo.

Camila: Olá, turma! Hoje iremos falar sobre um tema muito importante, que talvez alguns de vocês já ouviram falar, mas não sabem o que significa. Vamos falar sobre *autismo* e vamos aprender sobre esse tema tão importante.

Camila: Ontem, os seus colegas Karina e André queriam saber o que é o autismo e, então, eu tive a ideia de explicar para todos. E teremos algumas aulas para falar desse assunto...

Camila: Como vocês sabem, todos nós passamos por várias fases de desenvolvimento. Vocês já foram bebês, agora são crianças, depois serão adolescentes e daqui a alguns anos serão adultos como eu, e daqui a muuuuuii-iiiitttttoooooo tempo serão como os seus avós.

Camila: Mas nem todas as pessoas se desenvolvem da mesma forma. Algumas pessoas têm complicações em algumas dessas fases, ou até mesmo quando ainda estão na barriga da mãe.

Camila: Dentro da nossa cabeça temos um cérebro, que é como um supercomputador, que vai se desenvolver de forma diferente nas pessoas que têm autismo. Essas pessoas vivem, sentem e respondem ao mundo de forma diferente.

Camila: Às vezes, há amigos com autismo que sentem/escutam o que há no mundo de maneiras distintas. Por exemplo, quando andamos na rua, ouvimos, por vezes, o som de buzinas dos carros, o barulho de máquinas, pessoas conversando... São muitos barulhos diferentes ao mesmo tempo! Nós conseguimos suportar esses sons, contudo, há crianças com autismo que, ao saírem de casa e se depararem com todos esses sons ao mesmo tempo, podem ficar muito confusas e acabam chorando e tapando os ouvidos por "estarem com dor no ouvido".

Karina: É mesmo, professora?

Camila: Outro exemplo: há crianças com autismo da idade de vocês que ainda não percebem bem o que falamos, mas percebem os nossos gestos...

André: Mas, professora, é porque elas não ouvem bem?

Camila: Não, no caso do autismo, que vamos falar e aprender hoje, é por outra razão. É por causa de algo que está acontecendo no cérebro dessas crianças.

André: O _cérebro é a cabeça_, professora?

Camila: O **cérebro** é a parte do nosso corpo que está dentro da cabeça. É o nosso órgão mais complexo e é ele que controla o nosso corpo e tudo o que acontece nele. É como o comandante de um navio que dá todas as ordens. E ele nunca para de funcionar, mesmo quando estamos dormindo.

Camila: Ele tem um aspecto enrugado e parece uma noz gigante. Também tem várias partes que são especializadas em certas coisas.

Karina: Como assim, professora?

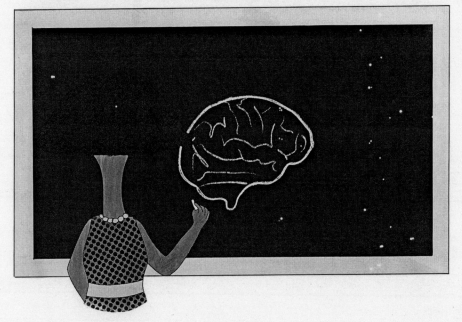

Camila: Imaginem que o cérebro é um quebra-cabeças com várias peças encaixadas e cada peça faz uma coisa diferente. Pois há partes do nosso cérebro que nos fazem falar, respirar, outras que guardam as nossas memórias, outras que nos fazem andar, comer, sentir dor, ouvir......

Karina: Há, também, uma parte que nos faz ver, professora?

Camila: Sim, Karina, e normalmente não é só uma parte, são várias, pois as diferentes partes do cérebro trabalham em conjunto, como uma equipe. Também uma parte pode ter várias tarefas ao mesmo tempo.

André: Nossa, professora, então o cérebro é complicado!

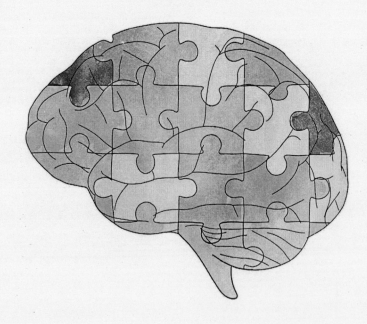

Camila: O cérebro é muito complexo e há muitas coisas que ainda não sabemos sobre ele. Mas há muitos especialistas que estão a tentar perceber como ele funciona.

Camila: No caso do autismo, é quando algumas peças não estão bem colocadas e, por isso, o cérebro vai funcionar de forma diferente.

Karina: Estou gostando desse tema, professora! Você pode falar mais sobre o cérebro? <u>Como é que ele é formado</u>?

Camila: O cérebro contém muitas estruturas emaranhadas e complexas, e para entendermos melhor o seu funcionamento, ele geralmente é agrupado em diferentes partes com funções específicas.

Camila: Uma forma mais simples de dividir o cérebro é em duas grandes partes, designadas de hemisférios. De um lado, temos o **hemisfério direito** e, do outro, o **hemisfério esquerdo**.

André: Hummmmm... Estou imaginando, é como uma noz que conseguimos ver duas partes, não é, professora?

Camila: Exatamente, André!

Camila: Outra forma de compreender o cérebro é dividi-lo em quatro partes principais, que são os lóbulos. Na sua testa está situado o **lóbulo frontal**, acima das suas orelhas tem o **lóbulo temporal**, na sua nuca está o **lóbulo occipital** e, por fim, tem o **lóbulo parietal** na parte superior da sua cabeça.

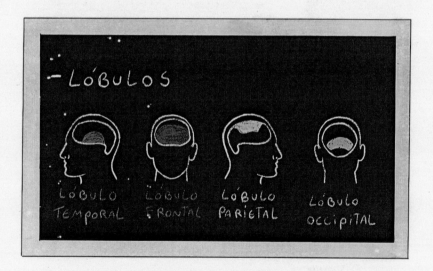

Igor: Para que serve cada parte, professora?

Camila: Bem, os dois hemisférios, por exemplo, estão ligados por feixes de fibras, o ***corpo caloso***, que passa informação de um lado para o outro do cérebro.

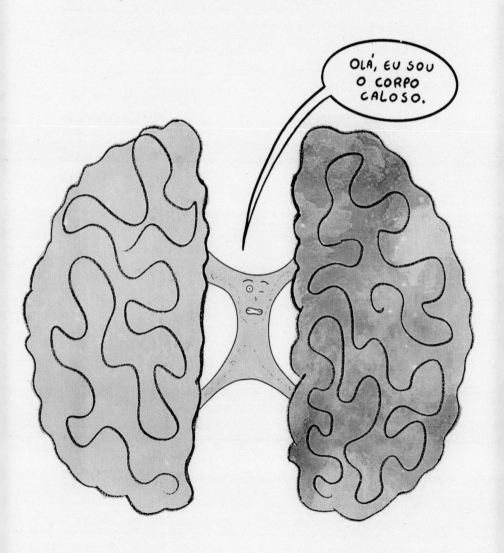

Camila: O *hemisfério esquerdo* está mais especializado em atividades que estão relacionadas com a nossa linguagem, escrita, raciocínio lógico-matemático, enquanto que o *hemisfério direito* está mais ligado a imaginação, criatividade, emoções, artes etc. O *hemisfério esquerdo* controla os movimentos do lado direito do corpo e o *hemisfério direito* controla o lado esquerdo. Por exemplo, quando estamos escrevendo com a mão direita é o lado esquerdo do cérebro que está comandando.

Karina: Curiosooooo!

Igor: E as outras partes, professora?

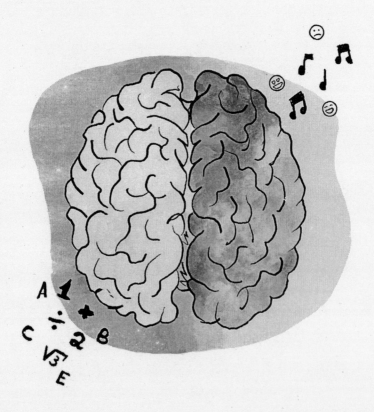

Camila: Bem, os lóbulos têm também várias funções. O *frontal*, por exemplo, nos ajuda a planejar coisas, tomar decisões, ter emoções. Ou seja, quando você pensa no que vai fazer nas férias, quando vai ao supermercado e tem que escolher entre gomas e um sorvete, ou quando você fica contente ou com medo, é o seu *lóbulo frontal* que está mais envolvido nessas tarefas. No autismo, algumas funções dessa parte do cérebro estão comprometidas, ou seja, não funcionam bem. É por isso que, geralmente, crianças com autismo têm dificuldades em controlar as suas emoções, em relacionar-se com outras crianças ou com adultos.

Camila: Podem também ter dificuldades em imaginar coisas e em entender as regras. Algumas, por exemplo, não conseguem entender as regras dos jogos e das brincadeiras.

André: Professora, as crianças com autismo conseguem brincar de esconde-esconde?

Camila: Algumas conseguem! Mas essa é uma das brincadeiras que elas podem ter dificuldades, porque veem o mundo de maneira diferente. Elas podem não perceber que o que elas veem os outros podem não estar vendo. Por exemplo, quando estão brincando de esconde-esconde, elas podem esconder apenas a cabeça, e como não veem as outras partes do corpo, pensam que os coleguinhas também não estão vendo.

Camila: E sabem qual é a parte do cérebro que faz vocês se lembrarem das coisas, como a lição de casa para fazer, ou ouvir os sons e entender o que as outras pessoas dizem?

André: Qual é, professora?

Camila: É o *lóbulo temporal*, que fica situado acima das orelhas de vocês.

André: E o autista não consegue lembrar direito das coisas, professora?

Camila: Bom, eles podem até ter memórias excepcionais. Há crianças com autismo que com apenas 3 anos de idade já conhecem o nome de todos os países do mundo e as respectivas capitais.

Karina: Uau! Então elas são muito inteligentes, professora!

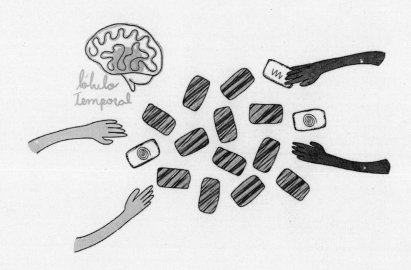

Camila: Há crianças com autismo que são muito boas em certas tarefas ou em algumas disciplinas específicas na escola que muitos consideram difíceis, ou têm interesse em planetas, dinossauros, plantas, carros, entre outros. Por exemplo, há umas que são muito boas em matemática, possuem hiperfoco nessa área, porém há outras que também têm autismo, mas não conseguem fazer coisas que achamos muito fáceis, como entender as regras de um jogo, fazer amigos...

Karina: Não estou entendendo, professora! Então como é que sabemos que uma criança tem autismo?

Camila: Essa é uma pergunta que não é fácil de responder, Karina, até mesmo para os especialistas. Como todos nós somos diferentes, vamos ver também muitas diferenças nas pessoas com autismo. Algumas falam bem e outras não conseguem desenvolver a fala ou começam a falar mais tarde. Temos também aquelas que andam normalmente e outras que não conseguem andar e podem também desenvolver movimentos repetitivos fora do normal. Tudo depende de como cada parte do cérebro está funcionando e como estão encaixadas.

Camila: Já falamos dos lóbulos frontal e temporal e...

Toca a sineta e...

Camila: Chegamos ao fim da nossa aula, meninos. Amanhã me lembrem de falar dos outros dois lóbulos: o occipital e o parietal.

Turma responde: "Ok, professora! Até amanhã!".

Camila: Bom dia, meninos!

Igor: Bom dia, professora! Hoje vamos continuar falando dos lóbulos?

Camila: Ah, sim! Obrigada por lembrar, Igor! Vamos falar hoje do **lóbulo occipital** e do **lóbulo temporal**, e ainda vamos falar dos **neurônios**.

Camila: Karina, ontem você havia perguntado se existe uma área do cérebro que nos faz ver e lá está, essa área é o **lóbulo occipital**, que fica situado na parte de trás do nosso cérebro. Quando estamos vendo televisão, por exemplo, é essa área que está governando.

Camila: Por fim, temos o *lóbulo parietal*, que é muito importante, porque comanda as nossas sensações, quando estamos saboreando um sorvete, por exemplo. Guarda também as nossas memórias e nos indica onde ficam os lugares.

André: O cérebro tem muitas áreas, professora.

Camila: É verdade, André. Ainda tem mais inúmeras subdivisões, mas não vamos falar de todas. Mas não posso deixar de falar de duas pequenas áreas que estão conectadas e ambas estão implicadas na linguagem e têm um nome esquisito. Uma é a **área de Broca** e a outra é a **área de Wernick**. Não precisam memorizar os nomes, só precisam saber que a primeira é responsável pela *produção da fala* e a outra *pela compreensão*. Essas duas áreas geralmente estão comprometidas no autismo. Por isso que muitas crianças têm dificuldades para interagir socialmente, pedir o que precisam, ou não respondem quando são chamadas pelo nome.

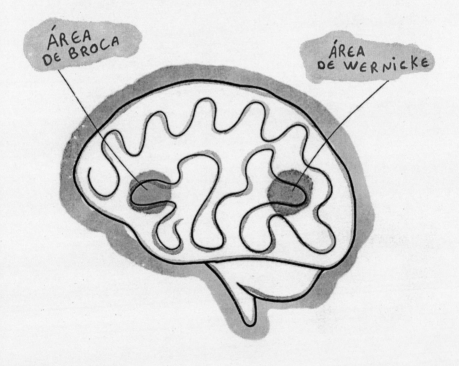

Camila: Uma outra parte importante do cérebro é o *cerebelo*, que é responsável pela coordenação motora, pelo equilíbrio e pela coordenação dos movimentos. Por exemplo, quando estão aprendendo a andar de bicicleta, é o cerebelo que está ajudando.

André: Como funciona o *cerebelo* nos autistas?

Camila: Ainda há muita coisa que não sabemos sobre o cérebro. O *cerebelo* é uma das áreas que os cientistas estão pesquisando para ver as suas implicações no autismo.

Se gostam de falar do cérebro, mais tarde podem continuar estudando esses assuntos e quem sabe alguns de você podem vir a ser um *neurocientista*, que é um cientista do cérebro.

Karina: Oba! Quero ser uma neurocientista, professora!

Camila: Muito bem, Karina! Então vamos falar mais um pouco do cérebro. Agora vamos ver <u>como as diferentes áreas se comunicam entre si.</u>

Camila: Como vocês sabem, o nosso corpo é formado por diferentes células, que são as partes mais pequenas do nosso corpo. Só conseguimos vê-las no microscópio, mas são tão importantes que põem todo o nosso corpo para funcionar. As células do cérebro são chamadas de ***neurônios***. Eles são tantos que os cientistas ainda nem sabem ao certo quantos são. Imaginem que o cérebro é o céu e os neurônios são as estrelas, pois os neurônios, tal como as estrelas, emitem sinais luminosos, como pisca-pisca, a que chamamos ***impulsos elétricos***. Esses impulsos viajam por entre os neurônios como uma corrente elétrica ao longo de um fio condutor.

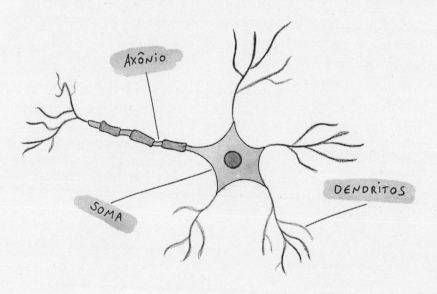

André: Professora, e por que é que as células do cérebro fazem pisca-pisca?

Camila: Boa pergunta, André! É uma das formas que os neurônios têm para falarem uns com os outros. Cada vez que um neurônio acende e apaga, as informações vão passando para outros neurônios, formando uma grande *rede luminosa*. E os neurônios também enviam entre si substâncias que se chamam **neurotransmissores**.

Camila: Os neurônios recebem informações de outros neurônios através de várias ramificações que parecem ramos das árvores, os **dendritos**, e enviam informações por meio de um único fio que se chama **axônio**. É a parte final do axônio que vai se ligar com outros neurônios passando informações para eles. Esse ponto de contato chama-se **sinapse**.

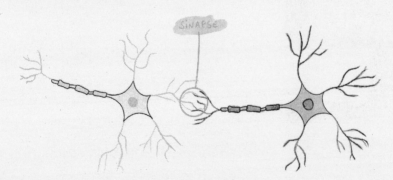

Camila: Crianças com autismo apresentam *desorganização dos neurônios*. Elas têm conexões especiais no cérebro que, como já vimos, pode fazer com que sejam muito boas numas coisas, enquanto que noutras podem ter muitas dificuldades, como aprender novas atividades.

André: E se ensinarmos para elas, professora?

Camila: Sim, André, essas crianças precisam de um acompanhamento especial de pessoas que percebam melhor a forma como o cérebro delas funciona, para entender como o cérebro aprende.

Camila: Sabemos que o nosso cérebro tem uma habilidade muito grande de aprender coisas novas. Por

exemplo, cada vez que aprendemos coisas novas, os neurônios criam *novas conexões*, ou caminhos, e cada vez que queremos fazer essas coisas já sabemos os caminhos. Esses profissionais vão ajudar as crianças a treinar os cérebros delas e a criar novos caminhos de forma a organizar esses neurônios que estão desorganizados.

Camila: Essa capacidade do nosso cérebro de aprender coisas novas é chamada de **plasticidade**.

André: Ah... É por isso que temos que estar sempre aprendendo coisas novas?

Camila: Exatamente, André. Você entendeu tudo! Na semana que vem falaremos sobre como a criança com autismo aprende, se comunica e se comporta.

Aula seguinte...

Camila: Bom dia, turma! Antes de passarmos para o próximo conteúdo, gostaria de saber se há alguma dúvida sobre o que foi estudado nas aulas anteriores.

Karina: Professora, fiquei com dúvida sobre por que quem tem autismo não consegue brincar.

Camila: Respondendo a essa sua dúvida, Karina, já vou entrar no conteúdo de hoje. Como já falei, o ***cérebro*** é uma caixinha de surpresas e ***cada pessoa tem um estilo de aprendizagem***, pois ninguém aprende do mesmo jeito, ao mesmo tempo e com a mesma intensidade. Algumas pessoas são mais ***auditivas***, outras mais ***visuais***, bem como aquelas que aprendem de maneira física, que são ***cinestésicas***.

Igor: Auditivas, visuais, cinestésicas? Do que você está falando, professora?

Camila: Igor, tenho alunos que possuem muita facilidade em memorizar todas as coisas que são ditas na sala de aula, que conseguem fazer os deveres de casa com fones de ouvido, então, o estilo de aprendizagem desses alunos é ***auditivo***. Bem como tenho alunos que enquanto eu explico os conteúdos ficam rabiscando no caderno, ou inquietos na classe. Esses apresentam estilo de aprendizagem ***cinestésico***, em que o corpo precisa estar em constante movimento para aprender, que é o estilo de aprendizagem que pessoas com autismo geralmente apresentam. E também tenho alunos que escrevem tudo que eu falo e que prestam muita atenção nas frases da lousa. Esses possuem estilo de aprendizagem *visual*.

Camila: Contudo, a **aprendizagem de todas as pessoas** pode ser compreendida como a **capacidade de adquirir novas informações**. E vocês sabiam que muitos neurocientistas pesquisam sobre como o cérebro aprende?

Karina: Ah é, professora? E como ele aprende?

Camila: Então, os neurocientistas chegaram a uma conclusão muito interessante, de que há áreas do cérebro que são melhores amigas e estão em constante diálogo para poder aprender, que são *as áreas da aprendizagem, da memorização e as áreas motoras*. No caso de uma pessoa com autismo, ela aprende de maneira diferente, necessitando de um **ambiente estruturado**, com poucos distratores visuais e auditivos, ou seja, o ambiente necessita de estrutura para poder aprender. E outra coisa, quando falamos em estrutura, a escola,

de maneira geral, necessita ser estruturada para que o ambiente seja mais previsível e acessível.

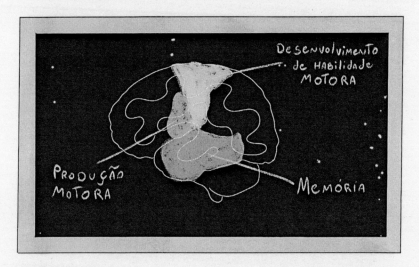

Camila: Por exemplo, não podemos deixar muitos cartazes colados na sala, nem muitos brinquedos expostos, a turma não pode ficar gritando e/ou falando muito alto, para poder focar sua atenção no que eu estou ensinando. Muitas vezes, seus materiais necessitam serem adaptados, por isso o **Pedro** tem o que chamamos de *PEI (Plano de Educação Individualizado)*, no qual eu e os demais professores, juntamente à professora **Vera**, do *AEE (Atendimento Educacional Especializado)*, construímos pensando nas singularidades dele, reconhecendo as suas potencialidades, adaptando e reestruturando os conteúdos para que ele possa aprender, assim como os demais colegas.

André: Mas, professora, por que as tarefas de aula do nosso colega **Pedro** algumas vezes são diferentes das nossas?

Camila: André, as atividades de **Pedro** muitas vezes necessitam ser estruturadas de maneira objetiva, com auxílio de pistas visuais, para que ele possa compreender o que está sendo proposto em aula. Mas é mudada somente a forma como é apresentada a atividade, o conteúdo continua sendo o mesmo que dos demais colegas da turma, pois, dessa forma, é possível que o **Pedro** possa participar e aprender com o grupo.

André: Ah! Agora eu entendi, professora. E o **Pedro**, às vezes, também não responde quando falamos com ele...

Camila: Vocês já aprenderam que o nosso cérebro funciona como uma grande engrenagem, em que várias pecinhas ficam interligadas, girando o tempo todo e comandando nosso corpo. Duas dessas engrenagens são responsáveis pela produção e compreensão da fala. Numa pessoa com autismo, uma dessas engrenagens pode não girar e, consequentemente, não gera comando para o corpo, e, então, a pessoa não consegue responder às perguntas, não consegue falar o que quer, não consegue compreender o que as outras pessoas estão falando.

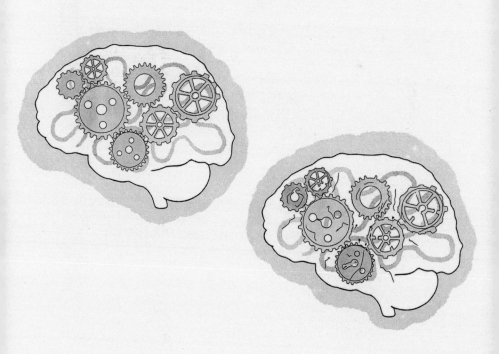

Karina: Então, como podemos nos comunicar com **Pedro** de uma forma que possamos nos entender?

Camila: No caso do colega **Pedro**, vocês devem utilizar frases curtas e objetivas, sem expressões idiomáticas, pois ele utiliza uma *prancha de comunicação aumentativa e alternativa*, ou seja, uma pasta que contém várias imagens, em que ele mostra o que ele quer, já que ainda não consegue produzir a fala.

Igor: O que é uma expressão idiomática?

Camila: Karina, as crianças com autismo têm dificuldades em adaptar seu comportamento ao contexto, ou seja, não sabem qual comportamento é esperado para determinadas situações. Nesse caso, pode ser que o **Pedro** não tenha entendido que o amigo caiu, se machucou, doeu, e dar risada não é um comportamento legal nesse momento. Então, o ideal é que nós possamos explicar para ele o que está acontecendo, assim fica mais fácil de ele ter outro comportamento que não seja rir, pois vai entender que o amigo se machucou.

Camila: Além disso, as crianças com autismo têm uma falha no desenvolvimento da *Teoria da Mente*. Vocês já ouviram falar disso?

Todos respondem em coro: "Nããaoooo!!!".

Camila: A *Teoria da Mente* se refere à nossa capacidade de nos colocarmos no lugar do outro e entender que outras pessoas podem pensar diferente de nós. Por exemplo, se vocês estão escutando música muito alto e a mãe de vocês pede para diminuir o volume, vocês entendem que o som pode estar incomodando ou atrapalhando. Já uma pessoa com autismo teria dificuldades em entender que o som está incomodando, que outras pessoas podem ter pontos de vista diferentes, pois, para ela, o som não atrapalha. Por isso, sempre que essa situação acontecer, é importante explicar e mostrar os outros pontos de vista de maneira clara e objetiva.

Camila: Entenderam?

Igor: Entendi, professora. Uma vez queríamos chamar o **João** para brincar, mas os colegas dele disseram que ele batia nas pessoas. Ficamos com medo e não o chamamos. Ele bate porque tem autismo?

Camila: Não, Igor. Agressividade não é uma característica diagnóstica do autismo, mas muitas crianças com

autismo podem apresentar **comportamentos inadequados ou disruptivos**, como bater nos outros ou em si mesmas, morder, empurrar e gritar.

Camila: Nessas situações precisamos entender o que a criança está tentando conseguir com esse comportamento, qual é a função dele, e ensiná-la um comportamento alternativo.

Camila: Os comportamentos inadequados podem ter diferentes funções e a estratégia vai depender da função do comportamento. Por exemplo, se uma criança grita e se joga no chão porque quer **atenção**, é preciso cuidar para que a criança não corra nenhum risco e ignorar esse comportamento para não *reforçá-lo*. Assim que a conversa terminar e a criança apresentar um comportamento adequado, aí sim, ganha atenção e se ensina uma nova forma de a criança pedir atenção quando quiser, seja na escola, em casa ou em qualquer outro contexto social. Lembrem, crianças: TUDO SE APRENDE! ATÉ A SE COMPORTAR!

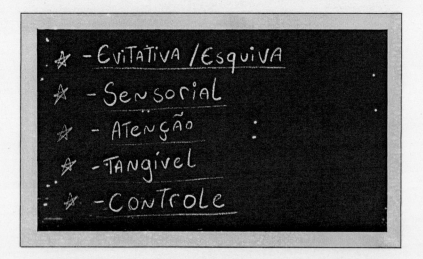

Igor: Reforçar o comportamento? Como assim?

Camila: Reforço é aquilo que contribui para que o comportamento se mantenha e volte a acontecer. Por exemplo, Igor, se uma criança que chora, grita e se joga no chão porque quer um doce que viu na prateleira do mercado, qual a função desse comportamento?

Igor: *Tangível*, pois ela está querendo ganhar o doce que viu. É isso, professora?

Camila: Muito bem, Igor! Se entregamos o doce a ela exatamente no momento em que ela grita, chora e se joga no chão, ela vai entender que essa forma de comunicação funciona, ou seja, sempre vai fazer isso para conseguir o que quer. Nesse caso, se for possível, vamos tirar o doce do alcance visual da criança e só entregar quando aquele comportamento cessar para que ela entenda que não conseguirá daquela forma. E iremos ensinar o comportamento adequado para se ganhar um doce.

Além disso, toda vez que ela tiver um comportamento legal nós vamos reforçá-lo. Pode ser com um elogio, um presente ou alguma coisa divertida, como um dia de cinema em casa, uma brincadeira em família, para que ela entenda qual comportamento é esperado dela. Como fazemos aqui na escola. Quando vocês têm comportamento legal eu sempre elogio vocês, não é mesmo? E vocês repetem o comportamento legal porque gostam de receber elogios.

Camila: O comportamento agressivo também pode aparecer devido a algum incômodo ou sobrecarga *sensorial*, como barulhos altos e alguma textura. Algumas se autoagridem por buscarem autoestimulação, pois as crianças com autismo podem ser hipo ou hiper-responsivas aos estímulos sensoriais, por isso a ajuda de um *terapeuta ocupacional* é muito importante para estimulação e integração sensorial.

Camila: Quando a criança grita, chora e bate porque não quer fazer algo que está sendo solicitado no momento, por exemplo, ir para o banho, podemos dizer que esse comportamento tem função **evitativa/esquiva**. Nesses casos, os pais devem tentar dar o mínimo de atenção possível à criança (cuidando para que ninguém se machuque) e não ceder, pois se deixarem ela sem tomar banho por conta desse comportamento, ela vai entender que ele funciona. Estabelecer uma rotina auxilia também, mas vamos falar mais disso mais tarde.

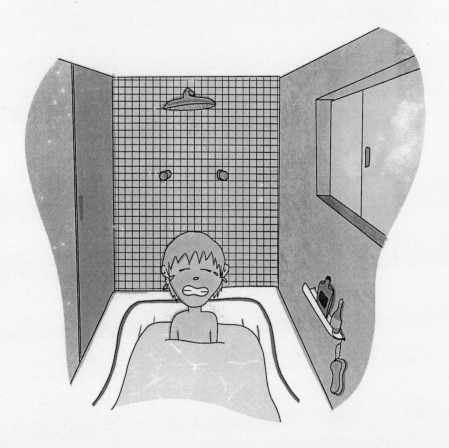

Camila: Já quando a criança quer que tudo seja do jeito dela, ou seja, quando a função do comportamento é obter **controle**, é necessário que se faça uma ***dessensibilização gradativa***, ou seja, ir mostrando aos poucos que não é do jeito dela. Isso pode acontecer até no meio de uma brincadeira, mudando o objeto de lugar ou a ordem preestabelecida pela criança. Isso deve ser feito aos poucos, e os ***psicólogos*** fazem esse trabalho muito bem na terapia e ensinam para os pais fazerem em casa.

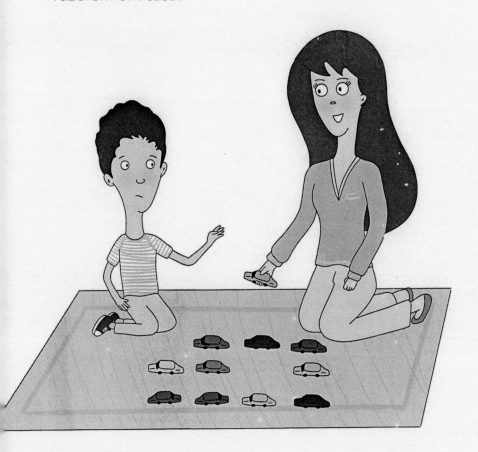

Karina: Professora, quanta coisa! E o que são os comportamentos alternativos que você falou antes?

Camila: É bastante coisa mesmo, Karina. Se queremos que os comportamentos inadequados se extingam, precisamos ensinar **comportamentos *alternativos***, ou seja, uma maneira mais adequada de a criança demonstrar o que deseja ou comunicar o que quer, e isso vai depender de cada criança, do que elas já conseguem fazer. Aquilo que não conseguem podem aprender

na terapia, com *psicólogo, fonoaudiólogo, terapeuta ocupacional, neuropsicopedagogo clínico*, e até mesmo com *educador físico*.

Camila: Para facilitar, resumi tudo isso para vocês:

FUNÇÃO	ESTRATÉGIAS	COMPORTAMENTO ALTERNATIVO
ESQUIVA/ EVITATIVA	- Tentar dar o mínimo de atenção; - Ir até o fim com a exigência; - Evitar o comportamento (rotina) - Ensinar a criança a falar "não" para que ela consiga se expressar; - Redirecionar comportamentos agressivos.	- Ensinar a criança a se expressar de outro modo - Falar "não".
CONTROLE	- Dessensibilização sistemática.	- Oferecer pequenas mudanças durante o dia (de maneira gradativa).
ATENÇÃO	- Ignorar o comportamento; - Em casos de comportamento agressivo, evitar que ela se machuque ou machuque alguém, mas cuidando para não dar atenção ao comportamento.	- Chamar pelo pai e/ou mãe; - Puxar pela mão para informar o que quer.
TANGÍVEL	- Não dar o objeto enquanto estiver com comportamento inadequado; - Tirar do seu alcance visual para deixar claro que não vai conseguir o que quer com aquele comportamento.	- Apontar; - Puxar pela mão; - Contato visual mostrando o que quer.

Karina: Agora entendi, professora. E você comentou antes que iria falar sobre rotina. O que ela tem a ver com tudo isso?

Camila: Bem lembrado, Karina! A rotina é algo muito importante na prevenção de **comportamentos inadequados**, pois muitas pessoas com autismo têm fixação pela rotina e quando alguma coisa não acontece conforme o planejado, elas se incomodam e podem apresentar comportamentos que não são adequados, como aqueles que falamos antes.

Camila: Por isso, é legal estabelecer uma *rotina visual flexível* com a criança e antecipar todas as mudanças para que ela possa se organizar, pois com *previsibilidade a criança se tranquiliza por saber onde irá ou o que vai acontecer após realizar determinada atividade*. Como aqui na escola. Após entrarmos em nossa sala de aula, nós sempre montamos nosso quadro de rotina visual

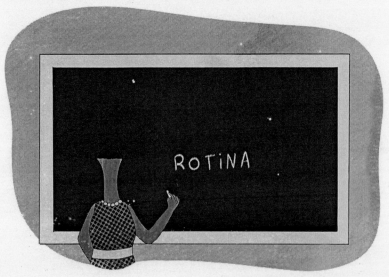

com as atividades que iremos fazer, não é? Em casa, os pais podem construir um quadro parecido e sempre que alguma coisa for mudar, tentar antecipar, assim evitam os comportamentos inadequados. É importante que esse quadro seja de acordo com a forma de aprendizagem da criança, como falamos antes, assim fica mais fácil de ela entender. E todos podem construí-lo juntos em casa. Desse modo, o quadro não vai ser uma coisa chata, cheia de tarefas, mas uma diversão. ***Tem quadros que são construídos com fotos, outros com imagens, outros com desenhos, pictogramas, e tem os que são apenas escritos. Como cada pessoa é singular, sua rotina também é!!!***

Karina: Uauuu, professora! Que legal! Eu também posso fazer um quadro de *rotina visual flexível* mesmo sem ter autismo?

Camila: Claro, Karina! Rotina é bom para todas as crianças, para todas as pessoas. A diferença é que as que têm autismo muitas vezes apresentam mais dificuldade em alterá-la e são mais rígidas em cumpri-la da maneira como foi estabelecida. Lembrem-se de que é também importante fazer coisas novas para estimular os seus cérebros.

Karina: Já estou pensando o que tem na minha rotina e um montão de coisas que eu gostaria de incluir com a minha família. E você, como é sua rotina? Vamos juntos construir um quadro de rotinas?

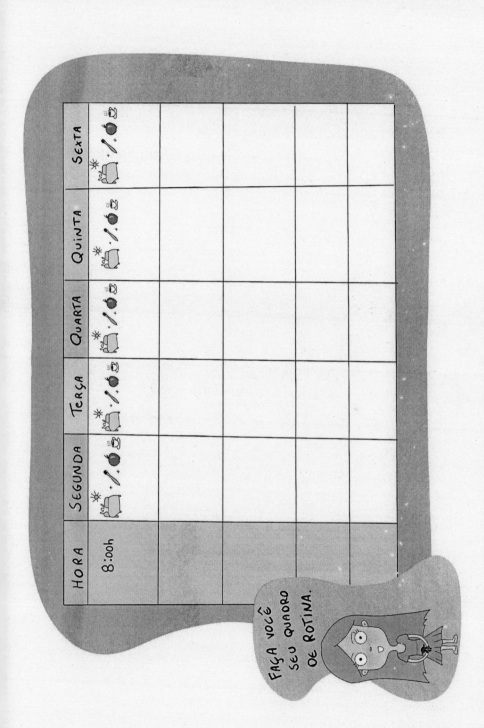

Camila: Crianças, temos que nos lembrar de algumas coisas muito importantes: essas são algumas dicas para lidar com os comportamentos inadequados, mas é essencial buscar profissionais especializados, pois cada pessoa é única e, assim, também serão as estratégias de intervenção.

Camila: Pessoal, vocês têm mais alguma dúvida sobre o autismo?

André: Eu tenho, professora Camila. Entendi tudo o que você explicou, mas ainda não entendi como faremos para que nossos amigos com autismo brinquem com a gente se eles não gostam de interagir. E como eu sei se eles querem ser meus amigos ou gostam das brincadeiras? O **João** tem sempre a mesma expressão, parece que está sempre bravo.

Camila: André, não fica chateado. Vamos por partes. A *interação social* é a área em que as pessoas com autismo têm mais dificuldades. Algumas vão interagir e brincar por um tempo, mas depois vão preferir ficar sozinhas; outras não vão conseguir iniciar a brincadeira; e também existirão aquelas crianças que de jeito nenhum vão querer brincar e interagir. Nós só vamos saber isso se as convidarmos. E lembrem: precisamos sempre respeitar o desejo do colega.

Camila: Além disso, o André falou uma coisa muito importante. Muitas pessoas com autismo não conseguem se expressar ou reconhecer a expressão dos outros com facilidade. Isso não significa que elas não tenham sentimentos, mas é uma característica delas. Por isso, André, já que o **João** não consegue se expressar muito bem, você pode perguntar o que ele está achando da brincadeira, assim como pode explicar a ele os seus sentimentos e emoções quando ele não entender suas expressões.

André: Muito obrigado, professora. Eu só tenho mais uma pergunta... Eu percebi que algumas crianças como o **Pedro** e o **João** fazem alguns movimentos sem parar e, às vezes, os outros riem deles por conta disso. Eu nunca ri, porque são meus amigos, mas por que eles fazem esses movimentos? O **João**, quando fica muito feliz, fica mexendo as mãos, e o **Pedro** fica andando em círculos quando tem muito barulho no recreio

Camila: Fico feliz que esteja perguntando, André. Esses movimentos repetitivos são o que chamamos de **estereotipias** e podem ser *vocais*, como o amigo **Pedro**, que repete sempre as mesmas frases, ou *motoras*, como os exemplos que o André deu do **Pedro** e do **João**. Esses movimentos são características do autismo e podem se apresentar de diferentes formas, desde aquelas mais exageradas até aquelas quase imperceptíveis, e servem como uma maneira de autorregulação, pois, como vimos nas aulas anteriores, o cérebro de uma pessoa com autismo tem um funcionamento diferente do nosso, então, eles usam esses movimentos para conseguirem se organizar diante dos estímulos e das emoções.

Camila: Vamos imaginar que quando tem muito barulho no intervalo da escola, várias gavetas se abrem no cérebro do **Pedro**, pois, além do barulho, tem muitos cheiros, pessoas, estímulos demais para ele dar conta. As roupas dessas gavetas estão todas bagunçadas, então, quando ele começa a andar em círculos, ele

está tentando mandar uma mensagem para o cérebro dele, ou seja, está organizando as roupas e fechando as gavetas que não são necessárias. Por isso, as estereotipias não são ruins, elas precisam acontecer para a pessoa se regular. Claro, sabemos que nem tudo é entendido socialmente, então, algumas vezes, uma estereotipia que seja exagerada ou que possa causar algum dano para a criança precisa ser redirecionada, ou seja, a criança vai aprender outra forma de se autorregular para que não cause prejuízo social nem para sua saúde.

Camila: Conhecer o autismo ajuda muito a entender por que os autistas têm alguns comportamentos e o que podemos fazer diante disso. Parabéns por não rir dos seus amigos, André. Agora que você entendeu, você pode explicar aos colegas para que eles também possam entender e não rir mais.

Karina: Professora Camila, eu sabia que você iria nos ajudar! O autismo é realmente muito mais do que imaginávamos. E agora já podemos brincar com o **Pedro** e com o João!

Camila: Fico feliz que, de alguma forma, eu tenha ajudado vocês. O autismo é ainda muuuuiiiitttttooooooooooooo mais do que vimos aqui, por isso é preciso estudar sempre. O autismo é uma condição do **João** e do **Pedro**, mas não define quem eles são.

Por isso, lembrem-se de que além de eles estarem dentro do *Espectro do Autismo*, eles são crianças assim como vocês e têm muito potencial. Depende de nós proporcionar ambientes para que eles se sintam bem, estejam incluídos e possam desenvolver sua aprendizagem de maneira adequada.

Recursos lúdicos para atividades práticas

Jogo da memória das emoções

Jogo das expressões faciais

Quebra-cabeça

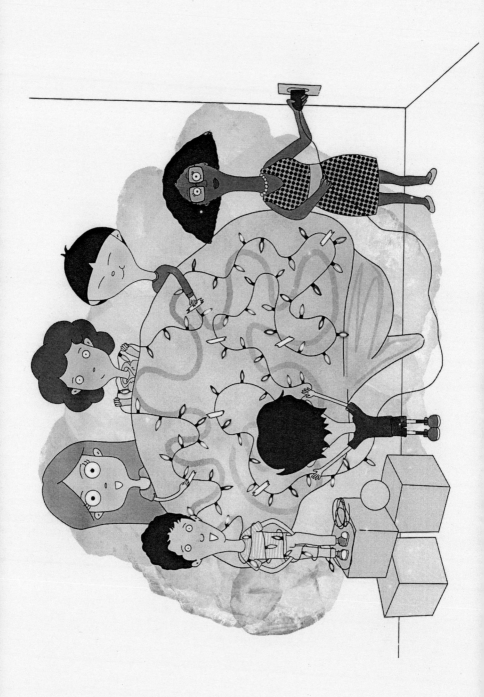

85

Desenhos para colorir